DE
LA DOUBLE SESSION.

> Qu'importent et les lois politiques, pour qui n'exerce pas de droits; et les lois civiles, pour qui ne possède pas de biens; et les lois pénales, pour qui ne commet pas de crimes?
>
> Quant au peuple, il n'y a qu'une loi: LA LOI DE L'IMPOT: (*Du vote de l'impôt : mai 1829.*)

PARIS,
A. PIHAN DE LA FOREST, IMPRIMEUR,
RUE DES NOYERS, N° 37.

1833.

Le *Moniteur* n'a-t-il pas proclamé lui-même, lors des évènemens de 1831, qu'il est nécessaire de reconnaître les causes purement sociales qui avaient préparé un état de choses déplorable; et que les unes se rattachent à la morale, les autres à *l'économie politique*, *entièrement changée dans ses bases.*

C'est là en effet ce que nous ne cessons de répéter. Il faudrait commencer par supprimer ou modifier les impôts qui pèsent démesurément sur les classes pauvres.

Tout est imposé, le pain, le sel, le vin, la viande, le loyer, le chauffage et les vêtemens :

Le pain imposé par la législation des céréales ;

Le sel imposé au-delà de toute mesure ;

Le vin imposé au profit du fisc royal et municipal ;

La viande imposée par les droits de douanes ;

Le chauffage imposé par la législation sur les fers et les houilles ;

Le vêtement imposé par la législation sur les laines ;

Enfin l'impôt des portes et fenêtres, qui porte sur le loyer; et la contribution personnelle qui n'est qu'une véritable capitation.

Voilà où est le mal.

Que les taxes imposées à la consommation, soient donc progressivement diminuées, jusqu'à leur entière suppression.

Que le gouvernement embrasse franchement le principe populaire : et il pourra parvenir à empêcher tous ces élémens d'antagonisme, qui s'agitent dans la classe des travailleurs, de se développer avec énergie, et d'acquérir assez de force, pour inquiéter notre organisation sociale.

(*Journal du Commerce:* 25 mars 1833.)

On se trompe : on vous trompe.

Ainsi l'homme est fait. L'idée s'échappe des rudes chaînes du passé, s'élance au vague espace de l'avenir; et là, se joue à plaisir.

On affiche le remboursement : on annonce le dégrèvement.

Mais quoiqu'il soit fait, celui-là sera remis de 1833 à neuf ans, comme il a été remis à neuf ans depuis 1824 (1).

Mais s'il n'est rien fait, celui-ci sera ajourné pendant le cours de la révolution de 1830, comme il l'a été sous l'ère de la restauration.

Autres choses : mêmes hommes. Autre date : même ligne.

Tel est l'horoscope de la race humaine, et pour les six mille ans échus et pour les six mille ans à écheoir.

Vienne telle révolution, puis telle autre inverse : il n'importe en rien.

« Quel est en France le monde politique, la portion militante? Un million d'individus légitimistes, républicains, constitutionnels, qui s'entrechoquent, se débattent et disposent de l'état,

____

(1) *Du Remboursement : De la Réduction des Rentes :* 1833.

suivant que la fortune en décide. Tout le reste est une masse inerte, obéissante, passive. *(M. Viennet* : 23 mars.)

Aux uns et aux autres, à ceux-ci et à ceux-là, la même parole est à dire :

« Les seuls propriétaires ayant les droits politiques, ne peuvent-ils pas s'aveugler au point de favoriser les progrès de leur fortune, aux dépens du reste de la société ?

« Je ne crains pas de montrer cette *turpitude* au grand jour devant la chambre actuelle; parce que, j'aime à le penser, vous réprouvez d'aussi bas sentimens et *cette insolente cupidité* (*M. Charles Dupin* : 16 mai 1829.)

Aussi, sauf qu'il ne répugne d'ouvrir l'œil à la lumière, on verra par l'extrait ci-joint ; comment 1826 et 1833 sont identiques, à part le chiffre (*voir l'appendix,* p. 24.)

Le remboursement n'est pas praticable même le remboursement n'est pas profitable.

Pour la France, la dépense de l'amortissement est infiniment supérieure, à l'épargne de la réduction.

Pour Paris, il y a perte sèche.

Pour la consommation, ici vingt millions lui sont ravis; là, vingt millions lui sont restitués : balance parfaite (1).

---

(1) L'impôt destiné au paiement des rentes, n'est pas un

Pour la circulation, tôt ou tard, quelque crise s'ensuit, qui cause un dommage décuple du bénéfice.

Toute autre chose est à faire, amenant un résultat propice, n'entraînant aucune suite funeste.

Le principe en est ébauché, le linéament en est tracé dans ces lignes précursives de l'avenir,

« J'ai toujours soutenu un système de crédit
« clair et positif. Il fallait, suivant ce système, que
« l'on créât des rentes à divers taux, afin que
« chaque emprunt fut spécial et qu'il eut un
« amortissement distinct. Alors on aurait vu que
« l'amortissement servait réellement.......

« Au contraire, on a toujours augmenté le ca-
« pital de la dette, en même temps que le capital
« de l'amortissement s'élevait; de sorte à faire
« croire que l'état finirait par faire banque-
« route.....

« Si on avait fait des emprunts séparés, les uns

---

capital avancé au gouvernement qui le dissipe et le perd : c'est une portion du revenu d'une classe que l'on prélève pour le remettre à une autre classe. Cette opération ne cause donc aucune diminution de la richesse nationale : il ne résulterait aucun bien public de la réduction forcée des intérêts.

Sauf pourtant que les impôts levés à cette fin, ne frappassent sur les matières premières, ou sur les subsistances. (*De la Réforme financière*, par sir Henry Parnell, page 237.)

« seraient déja remboursés en entier, et les autres
« le seraient en partie.

« Ainsi, l'amortissement ne semblerait pas une
« illusion; son objet étant d'amortir, de payer
« la dette (*M. Laffitte:* 27 janvier 1832.)

« Les emprunts à divers taux, les emprunts à
part l'un de l'autre; un amortissement spécial dans
le contrat; une extinction à terme fixe et pro-
chain.

« Telles étaient les conditions.

« Le passé s'est fourvoyé : il faut sortir de ses
sentiers et s'ouvrir une route nouvelle.

« D'abord consolidation des rentes présentes :
puis reconstitution des emprunts futurs.

« Système qui, à la fois, entraîne l'abolition du
fonds entier de l'amortissement; et arrête l'accroissement indéfini de la dette, et promet un
taux favorable de négociations; et retient les tentations d'abuser du crédit.

« Attendu que le rachat n'a plus à s'exercer
sur des rentes devenues immeubles, éliminées du
marché, isolées des nouveaux emprunts;

« Et que la dette est limitée à la somme actuelle,
au moyen de ce qu'un fonds subsidiaire attaché à
chaque emprunt l'éteint en 14 années.

« Et que les négociations sont favorisées par
cette cause même, ainsi que par la séparation de
l'ancienne dette, et la possession exclusive du
marché.

« Et que les tentations sont réprimées par l'effet de la collocation d'un fond annuel de 10 p. 100, au lieu de 5 p. 100.

« Effets multiples qui dérivent d'un seul acte : résultats divers qui proviennent d'un principe unique (*Le commencement de la fin* : 1832.)

Plusieurs modes se présentent à cette fin.

On ignore, ce semble, que par un bill de 1829, l'échange des rentes perpétuelles , contre des rentes à 99 ans ou contre des rentes à vie, avait été autorisé : et qu'au moyen d'une prime , dans une année, la somme transformée en rentes à ce terme, s'est élevée à huit millions sterlings. (*De la réforme financière.*)

Suivant le calcul, la différence de valeur n'est à l'intérêt de 4 pour cent, que du denier 25 au denier 24 1/2 : c'est-à-dire d'une demi-année de revenu.

Si bien qu'en Angleterre où l'intérêt est au-dessous de ce taux, avec une dépense de 14 millions sterlings, la dette entière pourrait être transformée en rentes à 99 ans.

En France, l'intérêt étant à 5 pour cent, la différence serait plus forte, et probablement la prime devrait être portée à une année de la rente.

En distrayant les trois pour cent et les rentes immobilisées, il suffirait de 100 millions , à raison du quart pendant quatre années, pour obtenir le même effet.

Comme l'esprit ne discerne guères entre l'éternité et un siècle ; comme le caractère est fortement enclin à la jouissance présente ; à l'aide des circonstances qui décideraient tantôt l'un, tantôt l'autre, on peut compter sur le succès, au moins pour une forte part.

Une offre analogue est appelée à y être adjointe, portant sur le revenu annuel et non pas sur une prime payée comptant.

C'est de consentir à élever l'intérêt de cinq à cinq et demi : cette fois en échange de rentes, au terme de 80 ou 75 ans.

Ce qui conviendrait mieux peut-être à telle et telle personne : et tendrait à une plus prompte extinction de la dette.

Enfin, un mode différent est aussi de sorte à être proposé, non sans espérance fondée.

C'est d'élever de même l'intérêt à 5 1/2 : sous la condition qu'il reviendrait à 5 pour cent, dans 15 ou 20 ans, et baisserait ensuite de 15 en 15 ans ou de 20 en 20 ans, à 4 1/2, à 4, à 3 1/2, à 3 pour cent.

Au moyen de quoi, la décroissance de l'intérêt et la dépréciation du signe monétaire travaillant de concert, la charge réelle de la dette serait réduite à moitié dans 50 ans, au tiers dans 75 ans, au quart dans 100 ans.

En l'un et l'autre cas, le résultat serait plus avantageux pour l'état, que l'effet provenant de la réduction : tandis que la dépense de 10 millions par an, n'équivaudrait qu'à la somme des profits dérivés de l'emploi du fonds d'amortissement, pour une seule année.

Car, il faut entendre enfin que les 110 ou 120 millions, y compris les frais et faux frais, qui sont enlevés par l'impôt, occasionent l'avortement de 10 millions au moins de profits.

Il ne manquerait plus que de déclarer les rentes irremboursables et d'admettre les coupons en paiement des contributions, et d'appeler les propriétaires aux fonctions d'électeurs et d'éligibles.

On réussirait ainsi à consolider la dette publique, à la mettre à l'état d'immeuble fictif, à l'introduire au sein des provinces, à rendre le cours à peu près fixe, enfin à la retirer du jeu de la bourse.

Cependant la consolidation des rentes actuelles, appelle et prépare une nouvelle constitution des emprunts futurs.

Et d'abord, le trois pour cent, étant insusceptible de se prêter à la transformation, semble devoir être ramené au type des cinq : moyennant un sacrifice sur l'intérêt.

Attendu qu'il importe que ce fonds ne reste pas sur la place, en concurrence avec les emprunts nouveaux.

La combinaison doit tendre à la fois, à négocier au plus haut cours, à maintenir le cours le plus ferme.

On y parviendra en créant, à chaque emprunt, en outre des 5 pour cent d'intérêts, un fonds subsidiaire de 5 pour cent aussi.

Lequel fonds étant employé à la façon de l'amortissement avec intérêt composé, éteindra la dette constituée en 14 ans et demi ; pour peu que le cours moyen des rachats, se trouve au pair de la rente, ou à 5 pour cent.

Afin d'éviter tous risques à cet égard, la méthode du remboursement pourrait être préférée : soit suivant le système des obligations de Sicile et d'Espagne, d'après un tirage de séries :

Soit suivant le système des annuités proprement dites ; où chaque année il est payé en même temps que la rente, une fraction du capital qui est remboursé ainsi peu à peu.

Entre ces trois modes, la dépense est à peu près la même, pour absorber le montant de l'emprunt, dans le même temps ; sauf peut-être qu'il faille plus d'avances par le dernier mode.

En tous cas, il n'y a plus de jeu sur la dette actuelle ; il y en a peu sur la dette future : de sorte que les capitaux sont rendus à la production et que l'intérêt se maintient sans trop de variations.

En tous cas, le fonds actuel d'amortissement montant bientôt à 100 millions, suffit pour fournir la dépense excédante de 5 pour cent, sur une somme de deux milliards d'emprunts.

Et comme ce fonds est à l'instant même remis aux contribuables, chaque année, il jette environ 10 millions de profits qui viennent s'ajouter au capital.

Delà, si on n'emprunte plus, le fonds entier retourne à des emplois productifs.

Si on emprunte un milliard, la moitié du fonds leur reste consacré.

Même, si on emprunte deux milliards, pourvu que ce ne soit pas avant cinq ans, l'accumulation des profits aura porté le fonds actuel de 100 millions à 150 millions, laissant ainsi un excédant de 50 millions.

Enfin, si, à cette époque, on emprunte jusqu'à trois milliards, la balance est au pair.

Le dégrèvement relatif est indispensable en droit, est inévitable en fait.

A Dieu ne plaise qu'il soit parlé de la diminution des impôts ou des recettes.

« Le subside n'est point un mal dès-lors qu'il ne nuit ni au maintien, ni à l'exercice du travail.

« Tout service moteur ou garant de l'action productive, récupère largement d'aucun subside dûment assis. » (*Du vote de l'impôt :* mai 1829) (1).

Au contraire, les emplois les plus avantageux manquent de fonds, de façon à tenir en souf-

---

(1) Quant à l'impôt qui porte sur le revenu, alors chaque individu dépense moins en produits industriels ; mais la somme qu'il paie est reportée sur d'autres individus; si bien que l'emploi de ces produits reste le même. (*De la Réforme financière.*)

france, ou à retarder en progrès, la richesse nationale.

Et les salaires, les retraites surtout, sont trop
modiques pour garantir la loyauté, l'activité, la
capacité des agens de l'état.

Cependant, le dégrèvement relatif ne peut s'o-
pérer qu'au moyen du remaniement du budget;
ou par une soustraction de dépenses, ou par une
addition de ressources.

Il vient d'être dit quelle était la dépense à sous-
traire; qui monte bientôt à 100 millions et coûte
120 millions au peuple, y compris les frais et les
pertes.

Il a été dit ailleurs, quelles étaient les ressources à ajouter : qui s'élèveraient sans peine et sans
risque pour le moment à 100 millions, avant peu
de temps, à 200 millions.

Comme aussi il a été dit quelles étaient les re-
mises et décharges de taxes à obtenir par l'emploi de cette somme. (*La vérité économique :*
p. 77.)

« Il est nécessaire de remanier les tarifs de
l'impôt et de les mettre en harmonie avec l'état
nouveau des fortunes et des industries. » (M. le
baron Pasquier : 18 juillet 1829.)

Le besoin, le devoir : en ce peu de mots, tout
est dit à chacun, tout est entendu par chacun.

Mais qu'on ne s'attende pas qu'un cabinet quel-
conque daigne et ose prendre l'initiative.

Tantôt il se laissera leurrer par les prétentions
de crédit, par les suggestions de bourse.

Tantôt il sera effrayé d'entrer en lutte avec les classes qui doivent être rechargées.

De plus, et surtout en de tels temps, nul être ne pense qu'à lui-même, tout être vit au jour le jour.

C'est à la chambre d'agir, ainsi qu'elle le veut.

En présence, en balance, se rencontrent le dé-grèvement, l'amortissement.

Certes, la chambre veut le premier de volonté intime, essentielle; et ne veut le second que de volonté factice, accidentelle.

Même elle allait se donner le dégrèvement de vive force, si elle n'avait été induite à croire qu'il lui sera donné bientôt de plein accord.

Vaines ou fausses promesses !

Le dégrèvement est à prendre sur l'amortisse-ment : et l'amortissement est gardé pour le rem-boursement : et le remboursement restera long-temps, toujours en attente.

Ainsi, depuis dix ans déja, pendant dix ans en-core, cela est et sera.

Ainsi, depuis, pendant, rien ne se fait, ne se fera.

Or n'y a-t-il pas moyen de relâcher le nœud gordien, à défaut de se résoudre à le trancher net.

Voilà que se fait entendre de nouveau, la voix puissante, la voix non suspecte en fait de crédit, et pourtant sensible à l'état de souffrance.

M. Laffitte : janv. 1832. « Ma première pensée était, s'il n'y avait pas eu d'autre moyen de sou-lager les contribuables, de voter non seulement l'annulation des 44 millions, mais encore de demander la suspension de l'amortissement tout entier...............

« Si nous étions dans la nécessité indispensable de sacrifier l'amortissement, pour apporter du soulagement aux contribuables, je voterais pour sa suppression..........

« Je suis convaincu que le poids des impôts qui frappent sur le peuple, est intolérable, et qu'il faut faire tous ses efforts pour le diminuer.......

« Quand nous serions deux ou trois ans dans l'impossibilité de faire face aux dépenses ordinaires, sans écraser les contribuables, je crois qu'il y aurait raison et sagesse à s'adresser à l'emprunt...........,

« Je ne m'inquièterais pas d'une réduction de 40 ou 50 millions, s'il le faut : je ne serais pas arrêté par la crainte des embarras du trésor, quand même cette situation devrait durer plusieurs années...........

« Lors de la loi des recettes, vous verrez s'il faut diminuer tel impôt, plutôt que tel autre ; et si l'un porte sur les classes riches, tandis que l'autre pèse sur les classes pauvres.

« Mais ne cherchez pas à aligner vos recettes et vos dépenses : ce ne sera pas autre chose que 40 ou 50 millions à emprunter........

« Je finis par où j'ai commencé : et je dis qu'il faut nécessairement diminuer les impôts qui sont intolérables, qu'il faut soulager le présent en mettant une charge légère sur l'avenir. »

L'affaire est simple, est facile.

Même, en une façon, comme il faut emprunter une somme beaucoup plus considérable, à peine cette addition marque.

D'ailleurs, il s'agit de l'année 1834, dont le budget n'est pas encore présenté.

Qu'on se garde d'en douter. Le ministre va se retourner, de sorte à proposer avant le temps, quelqu'autre taxe suffisante à couvrir le déficit.

Déja, quelque instinct soufflé par l'expérience, a décidé d'avance que la loterie serait supprimée au 1er janvier 1836.

C'est un précédent à faire passer en usage.

S'il y a fort à dire sur la loterie, au moins nul n'est contraint d'y mettre; et Paris en supporte les deux tiers; et le temps allait l'éteindre.

Quel contraste avec tels ou tels autres impôts !

Veut-on parler des temps nouveaux ?

Chose incroyable ! une révolution s'opère; et certes, c'est par le peuple; et, ce semble, c'est pour le peuple.

L'effet réagit contre la cause : la conséquence répudie le principe.

Le plus sottement qu'il se puisse, on a réduit de 5 pour cent le tarif des cabarets : taxe qui tient de la loterie, en ce qu'elle est payée à la volonté, et perçue sur l'inconduite.

En échange, il faut que la contribution mobilière et personnelle, celle-ci beaucoup plus que celle-là, soit élevée en 1831, de 41 à 61 millions : sauf une réduction de 3 millions en 1832.

Il faut que l'impôt des portes et fenêtres, surtout quant aux ouvertures les plus humbles, soit porté d'abord de 15 à 51 millions ; sauf ensuite une remise de deux millions.

En somme, ces deux impôts sont rechargés de 51 millions, dont les trois quarts se prélèvent sur la classe la plus misérable, jusque-là ménagée ou négligée.

Or, c'est le moins qui puisse être fait par la chambre, que d'ordonner qu'à partir de janvier 1834, leur montant sera rétabli à l'ancien taux (1).

Ou même que le mobilier et le personnel, seront refondus en un seul impôt : toute taxe fixe à

---

(1) Le ministre des finances a avancé à cet égard, un calcul trop susceptible de critique.

« (10 décembre.) Les réclamations contre le personnel et le mobilier, contre les portes et fenêtres, ont motivé, en 1852, une réduction de 37 à 34 millions, et de 24 à 22 millions. »

C'est-à-dire, que 1852 a remis du cinquième au sixième, de la surcharge infligée par 1831.

« Ainsi diminué, le premier impôt se résume en une redevance moyenne de 1 fr. 14 cent., et le second de 68 cent. *par individu.* »

Au total, c'est 1 fr. 82 cent. : et c'est vraiment par individu, par chaque tête, jeune ou vieille, mâle ou femelle.

D'où, la famille de cinq personnes paie 9 fr. 10 cent.; et avec la taxe du sel, paie au moins 21 fr. 10 cent.; par terme moyen, la valeur de 30 journées de travail ou d'un dixième du salaire du chef de famille.

lever par tête, étant une flagrante infraction à l'art. 2 de la Charte.

Sauf au gouvernement, s'il lui convient, à établir pour ces deux contributions, une échelle de gradation, à raison de l'intensité de la valeur locative.

Ainsi que cela existe en Angleterre pour les portes et fenêtres et aux Etats-Unis pour l'impôt mobilier.

Ainsi que cela existait en France d'après la loi de 1791.

Veut-on parler du vieux temps?

Chose inconcevable! les jours passent : les hommes changent. Les rapports politiques et économiques sont intervertis.

Le fisc seul reste enfoui dans la même ornière, ne voyant pas par-dessus les bords.

Il s'agit de la taxe du sel : le plus ancien des impôts, sauf la dîme ; le plus général des impôts, sauf la capitation.

Ayant avec l'une et l'autre, la plus grande analogie : étant comme l'une et l'autre, commandée à l'origine, par la nécessité toute puissante.

Et par cela même, devant être abolie, ainsi que ces subsides, alors que la nécessité n'existe plus.

A peine, y a-t-il rien à dire, au sujet d'une taxe qu'en sa pensée, qu'en sa conscience, toute personne blâme et réprouve :

D'une taxe sur laquelle a été prononcé l'ana-

thème, par ces paroles du rapporteur des recettes de 1832, qui rendait compte des moyens exposés contre elle; dont l'évidence est au-dessus de toute réfutation (1).

M. Humann : décembre 1832. « Mon devoir est de rapporter fidèlement le débat.

« On a reproché à la taxe d'être injuste, oppressive, impolitique, et d'arrêter les progrès de l'agriculture.

« Elle est injuste, nous a-t-on dit : car elle pèse sur une denrée indispensable à la vie de l'homme et que dès lors on n'a pas le droit de taxer.

« Le sel n'est pas moins nécessaire que le pain : ce n'est plus une taxe de consommation qu'on perçoit ; c'est une véritable capitation.

« Il est écrit dans nos lois, que le pauvre ne sera pas imposé : et cependant, en l'affranchissant de l'impôt personnel, on lui fait payer bien au-delà pour le sel.

---

(1) La réprobation du ministre du commerce s'est montrée plus éclatante encore, en ce qu'elle porte sur le principe même.

« En déterminant la quotité d'une taxe sur la consommation, le législateur doit principalement établir ses calculs : 1° sur l'utilité ou la nécessité de l'usage de l'objet; 2° sur l'aisance et la faculté des consommateurs. »

Or en fait des sels , la nécessité est au plus haut degré , comme la faculté est au plus bas taux.

D'où jamais impôt ne fut proscrit à tant de titres.

« Comment conciliez-vous, cet état de choses, avec le devoir de répartir les charges sociales, selon les facultés ?

« Ignorez-vous qu'un ménage riche consomme beaucoup moins de sel, qu'une pauvre famille ?

« D'où il suit que plus des deux tiers de la taxe, sont acquittés par les malheureux. (*Rapport sur les recettes : 1832*).

Deux mots de plus.

Le sel est la seule matière à la fois productive de substances matérielles, et nutritive ou productive d'existences organiques.

Le sel est une matière première : quant à la production de l'œuvre qui forme la valeur ; quant à la reproduction du travail qui donne la valeur.

Et ce dernier titre, est encore au-dessus du premier : quand ce ne serait qu'à raison que la reproduction du travail, au moyen de l'entretien des forces vitales, devance et détermine la production de l'œuvre.

Sous le second rapport, le sel est plus qu'un aliment de la vie ; puisqu'il en communique la vertu à des nourritures jusqu'alors indigestes.

Sous le premier rapport, le sel est plus qu'un élément de l'œuvre ; puisqu'il transmet la faculté prolifique, à des matières autrement stériles.

Enfin, car les circonstances se prêtent à faire valoir cette raison suprême, les mélanges provoqués par l'énormité de l'impôt, transforment cet aliment si précieux, en un poison plus actif qu'on ne pense.

Du reste, la taxe ne rapporte au trésor que 56 millions nets; et coûte au peuple devers 75 millions : soit à cause des frais de régie et de saisie; soit plutôt encore, à cause de l'excédant du prix de détail nécessité par le déchet de la denrée.

Or la gabelle rapportait autant, ne coûtait pas davantage : les frais plus hauts étant balancés par les pertes du déchet.

Et la Gabelle fournissait des sels vieux, des sels purs; à la fois portant plus de profit, et ne portant aucun danger.

La Gabelle exemptait les provinces de l'Ouest, et chargeait peu les frontières de l'Est: contrées où la nourriture, la pâture, la culture commandent l'emploi plus impérieusement (*des Budgets de 1832 et 1833*).

Tellement que 35 conseils de département ne cessent de réclamer l'abolition de l'impôt.

Naguères une dure parole a été dite.

« La question du sel, qui pour les classes inférieures, est vraiment *une question de vie ou de mort*, est d'ailleurs d'un faible intérêt pour la grande et la moyenne propriété qui se disputent l'empire (*Journal du Commerce : 2 mai 1829*). »

On va voir si cette parole est vraie ou fausse.

Car rien ne s'oppose à ce que la chambre décide, qu'à partir du premier janvier 1834, la taxe du sel soit réduite à 10 fr. le quintal métrique.

Ce qui, à raison du prix de détail, nécessité par le déchet, donnera au peuple, au plus pauvre euple, un allégement de 50 millions environ.

Ce qui, au moyen du droit d'octroi à 10 fr. en outre, et à raison de l'accroissement de la consommation, laissera au trésor 30 millions tout d'abord, et bientôt 35, 40 millions.

Ou mieux encore que la chambre en ordonne la réduction pour cette époque, à 5 fr. le quintal

D'où la remise sera portée au-delà de 60 millions.

Et la recette, avec le tarif d'octroi, avec l'excédant d'emploi, sera d'abord de 20 millions, puis de 25 à 30 et plus.

D'où surtout le prix vénal ne s'élèvera qu'au double dans les trois quarts de la France, et se fixera à 10 fr. le quintal métrique ou à un sou la livre.

De façon que les besoins de la nutrition seront satisfaits pleinement, sauf en quelques cantons les plus misérables; et que les moyens de la production seront largement, sinon complètement exercés.

Cela plaît-il? cela convient-il? voilà tout.

Supposons qu'on n'eut pas allégé, ou qu'on rechargeât l'impôt foncier, de 5o millions, en retour de l'abolition de la taxe du sel.

Cet impôt s'élève à 240 millions à peu près : il est supporté ce semble, dans cette proportion :
5o millions d'hectares en culture,
    à 6 fr. . . . . 180 millions.
2 millions d'hectares en vignes,
    à 12 fr. . . . . 24 millions.
4 millions d'hectares en bois,
    à 4 fr. . . . . 16 millions.
Maisons et usines. . . . . 20 millions.

                           240 millions.

L'hectare en culture porte l'un dans l'autre, pour 120 fr. de produit brut : ce qui fait pour toute la France une valeur de 3 milliards 600 millions.

Il est difficile de ne pas croire que le libre emploi du sel donnerait par hectare, au terme moyen, une plus value du cent vingtième ou d'un franc : et non en produit brut, mais en produit net, les frais n'étant pas plus hauts :

Soit en nature d'engrais, surtout pour les terres froides et humides ;

Soit dans la nourriture des bestiaux, en augmentation des beurres et fromages, des laines et des viandes ;

Soit enfin, quant à la subsistance de l'homme, en amélioration des alimens , en accroissement des forces, en diminution des maladies.

Or, cette plus value d'un franc par hectare , suffirait à couvrir de l'excédant d'impôt , jusqu'à concurrence de 3o millions , tout propriétaire , grand ou moyen ou petit, de terres en culture.

Tellement que leur recharge montant à 36 millions , serait à peu près nulle ; tandis que leur décharge serait pleine et entière.

Quant aux propriétaires, de vignes, de bois, de maisons , chaque famille de campagne jouirait d'une décharge de 15 francs, pour la taxe du sel :

Elle aurait à subir pour l'impôt foncier, une recharge du cinquième en sus de la cote.

A la cote de 75 francs, la balance serait exacte.

A la cote de 5o francs, le bénéfice monterait à 5 francs.

A la cote de 25 francs, il monterait à 10 francs.

Et en sens inverse, au-delà de la cote de 75 francs, le sacrifice s'élèverait de degré en degré (1).

---

(1) On conçoit qu'en ne rechargeant l'impôt foncier que de 3o millions, au moyen de quelqu'autre impôt , le bénéfice des petits propriétaires , augmenterait encore.

En ce cas, la balance exacte s'établirait à la cote de 120 fr.

Extraits de l'Ecrit intitulé : LE MINISTRE, 1826.

Il convient d'abord de suivre le ministre dans ses promenades, en dehors du parquet poudreux de la Bourse, sur les vastes possessions de l'économie politique.

Un droit d'entrée sur les bestiaux est inventé et bientôt perfectionné. La haine et l'aigreur sont ainsi suscitées chez les peuples voisins ; la loi du talion se voit mise en pratique; les barrières fiscales se resserrent des deux bords; la civilisation européenne rétrograde. Pour notre industrie, il y a une perte de cinquante millions; pour le trésor, il y a un encaisse de quelques cent mille francs ; pour l'agriculture, ni dommages ni bénéfices n'en adviennent, puisque le prix reste le même ; des primes d'encouragemens, des fermes modèles la servaient mieux.

Et tout-à-coup foulant aux pieds l'intérêt rural après l'avoir gratifié de cette illusoire faveur, le ministre exagère le droit d'entrée sur les fers, au point d'en empêcher l'introduction. Il ignore, sans doute, que, sans porter en compte les représailles exercées au détriment du commerce; ce droit se résout, d'une part, en une prime d'indolence et d'impéritie décernée aux forgerons en grand ; de l'autre, en une taille infligée aux agens de l'agriculture, en une surcharge imposée à la valeur vénale de ses produits.

Les colonies se présentent sous le titre du malheur, qu'il soit ou ne soit pas mérité. Le monopole leur est alloué pour la fourniture des sucres; la France paiera une plus value de cinq sous par livre ; elle paiera une somme annuelle de 25 millions : et de plus, il lui en coûtera

15 millions pour les protéger sur terre et sur mer, tandis que la balance réelle provenant du commerce n'excédera pas 10 millions.

Or, les colonies n'y peuvent gagner, que de languir quelques jours de plus. L'arrêt fatal est porté : des sols vierges, des bras libres combattent contre elles. Payez-les plutôt pour ne point travailler, pour ne rien produire ; car le coût de fabrique n'est pas couvert par le prix de vente. Rendez-leur la liberté ; ce serait mieux encore : l'émancipation les formera peut-être, ou du moins déchargera le tuteur de tous ses devoirs. Et la France ne jettera plus dans l'abîme, 30 millions par an, pour conquérir le droit de tenir à la chaîne un monde de chrétiens.

Maintenant le ministre va pénétrer dans le champ de l'impôt, non pas pour apprécier la nature du sol, pour simplifier les procédés du labour, pour combiner un meilleur assolement. La semence y fut jetée à profusion, et les saisons ont favorisé la végétation ; il s'agirait seulement de sarcler, d'éclaircir les moissons naissantes pour ne pas appauvrir la force productrice.

Nul doute ne s'ingère en sa pensée : l'impôt foncier sera dégrevé une fois, deux fois, trois fois peut-être. Les Chambres sont composées de propriétaires, et les propriétaires disposent des élections; en outre, un moindre nombre d'électeurs commande moins de frais, impose moins de risques. Odieux ou non, ignobles ou non, ces seuls motifs éteignent la réflexion, étouffent la discussion.

Il faut remonter aux principes. La France est un pays agricole ; la terre est l'enfant favori de l'État ; la terre a le droit d'aînesse. Que l'enfant nourrisse son vieux père ; que l'aîné protège ses cadets.

L'étendue est immense et la population éparse ; les fortunes sont chétives, les esprits ignares, les caractères récalcitrans ; l'impôt indirect subira d'autant plus de faux frais, causera d'autant plus de pertes sèches, et sa charge ainsi aggravée, tombera immédiatement, retombera indirectement sur le propriétaire, le fermier, le laboureur.

En Angleterre, dont l'exemple ne nous est jamais applicable qu'à l'aide des anachronismes, la *landtax*, presque nulle à présent et depuis long-temps invariable, fournissait la moitié du revenu de l'Etat, dans des temps peu éloignés ; et, en y ajoutant le droit de dîme et la taxe des pauvres qui grèvent également la culture, on trouvera qu'en ce moment même la terre y est chargée autant et plus qu'en France.

Il est faux que l'impôt foncier atténue les ressources, entrave les progrès de l'agriculture ; l'impôt pèse sur le propriétaire et non sur le fermier ; l'impôt est soustrait au revenu rural et non pas aux profits agricoles. Si la consommation est réduite par l'impôt foncier, elle est réduite de même par l'impôt indirect, et c'est à un plus haut degré.

Lorsqu'il passera par la tête de quelque ministre contingent, de soigner les intérêts de l'Etat plutôt que les intrigues du scrutin, et de servir les besoins vitaux de la propriété au lieu de flagorner les aveugles penchans du propriétaire, un pas de géant le fera atteindre presque aussitôt à ces fins légitimes.

Il n'y a point de limites en France à la production des laines et des lins ; et il y a autant de travail dans leur fabrication que dans celle des cotons. Frappez donc l'introduction de ceux-ci d'un droit considérable. Vous augmentez les rentrées du fisc, vous augmentez les produits du sol, et l'industrie n'y perd rien dans ses emplois. Tout milite dans ce sens, jusqu'aux vœux du consommateur qui ne sera plus obligé d'aller se vêtir en Macédoine, au premier signal de guerre.

Voulez-vous faire mieux : abolissez en entier, comme l'exemple vous en est donné par votre maître d'école de l'autre bord du détroit, cette taxe exorbitante de trente et vingt fois la valeur réelle, qui pèse sur les sels, sur cette matière féconde en services de toutes sortes, dont l'industrie rurale peu à peu devenue plus active et plus habile, appliquerait l'emploi à l'amélioration des terres, à l'éducation des bestiaux, au perfectionnement des laines ; en sorte que, dans la caisse du revenu agricole, le paiement de cinquante millions qu'elle continuerait à verser au Trésor serait remplacé bientôt avec usure.

Mais c'est au sujet de la comptabilité que le ministre a réservé tout l'artifice de son savoir-faire. Et, en effet, il y a merveille à s'être fait tant d'honneur de l'opération la plus facile et la plus fâcheuse.

Un sort malin veut depuis long-temps que les récoltes arrivent avant l'hiver et que la saison des glaces arrête le travail des champs : de là l'usage a prévalu généralement de ne convoquer les élus du peuple qu'en décembre ou janvier. L'année fiscale est entamée ; le service menace d'être suspendu. Il faut de nécessité proroger les impôts pour quelques mois et voter quelques millions à valoir.

Or, cela fait du provisoire. Savez-vous bien ce que c'est, savez-vous où il y en a et où il n'y en a pas ; savez-vous seulement si de cette existence essentiellement provisoire, dont la vanité de l'homme s'est créé comme une sorte de vie, il peut émaner autre chose que tel et tel acte plus ou moins provisoire ? Nous n'en savons rien : agissons donc.

Mais l'Angleterre, aussi riche de génie que de fortune, marche tant bien que mal, depuis des siècles, dans les ornières du provisoire (1).

Mais c'est à l'aide de cette méthode que le Parlement obtient la certitude de connaître, en mars ou avril, le bilan positif des recettes et dépenses du dernier exercice.

C'est à l'aide de cette méthode, qu'il s'arroge le droit d'apprécier les besoins et les moyens de l'année courante avant que de déterminer leur balance, et s'épargne la corvée d'approuver après coup, telle augmentation de besoins ou telle atténuation de moyens qui se faufilent souvent entre le chiffre idéal et le chiffre réel.

C'est à l'aide de cette méthode qu'il consolide et perpétue le privilège à lui conféré par les lois du pays, d'être appelé et assemblé une fois par an, au plus tard en février ou en mars, à l'effet d'assurer le service de l'exercice ouvert.

---

(1) En parlant du provisoire en Angleterre, c'était pour rendre l'image plus sensible, plus frappante.

Il s'y rencontre parfois que la session étant en retard, le cabinet est contraint à solliciter une allocation de fonds à valoir.

Ordinairement, si la chose est autre dans la forme, elle est la même au fond.

L'année financière commence au premier avril; et le budget n'est jamais présenté et voté qu'en mars.

Seule méthode par laquelle s'acquièrent et se conservent dans leur plénitude, les droits du système représentatif.

En France, c'est encore le mode du provisoire, quelque honni qu'il soit, qui s'en écarte le moins, quant aux résultats.

Imprimerie d'A. PIHAN DE LA FOREST,
rue des Noyers, n° 37.